# LE RÉVEIL

## DE L'EUROPE OCCIDENTALE,

OU

### LA RUSSIE NE PEUT ÊTRE CONTENUE ET REFOULÉE

QUE PAR DES NATIONALITÉS,

PAR

### LE BARON SIRTEMA DE GROVESTINS.

« Les autres nations ont traité la Russie
» comme leur juge ; c'est-à-dire que tous
» ses actes leur ont paru des décrets con-
» tre lesquels il eût été séditieux de
» s'élever et auxquels il était méritoire
» d'obéir. Acquiescer aux désirs de la
» Russie, cela s'appelait vouloir la paix. »
(PORTFOLIO t. v; p. 191.

« . . . . . *Novus nascitur ordo.* »

**PARIS**
CHEZ AMYOT, LIBRAIRE-ÉDITEUR,
RUE DE LA PAIX, 6.

1855.

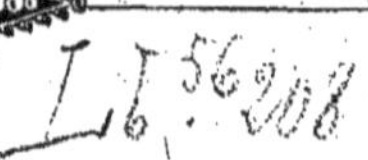

# LE RÉVEIL

DE

# L'EUROPE OCCIDENTALE.

# LE RÉVEIL

## DE L'EUROPE OCCIDENTALE,

OU

### LA RUSSIE NE PEUT ÊTRE CONTENUE ET REFOULÉE

QUE PAR DES NATIONALITÉS,

PAR

### LE BARON SIRTEMA DE GROVESTINS.

> « Les autres nations ont traité la
> » Russie comme leur juge ; c'est-à-dire
> » que tous ses actes leur ont paru des
> » décrets contre lesquels il eût été sé-
> » ditieux de s'élever et auxquels il
> » était méritoire d'obéir. Acquiescer
> » aux désirs de la Russie, cela s'ap-
> » lait vouloir la paix. »
>
> (PORTFOLIO, t. v; p. 191.)

» . . . . . . . *Novus nascitur ordo.* »

## PARIS

CHEZ AMYOT, LIBRAIRE-ÉDITEUR,

RUE DE LA PAIX, 6.

1855

# LE RÉVEIL



# L'EUROPE OCCIDENTALE.

Ce qui vient de se passer en Angleterre est très-significatif. Quoi ! à peine la guerre a-t-elle duré un an, et l'on vient dire au Parlement qu'en dépit du sentiment patriotique qui anime le peuple anglais, qu'en dépit des sacrifices qu'il est tout disposé à faire pour continuer avec vigueur une guerre heureuse et glorieuse contre la Russie, il y a disette d'hommes en Angleterre. On a réduit les conditions d'admission, on a élevé les conditions de recrutement, rien n'y a fait : l'Angleterre manque de soldats, il lui faut en aller chercher à l'étranger. L'empereur Nicolas a dû tressaillir de joie ; il a dû se dire, dans son orgueil russe : « Ces pygmées ont voulu m'attaquer chez moi, et, au bout d'un » an, les voilà réduits à confesser qu'ils n'ont plus de soldats. » Persistons donc dans la lutte, et, d'ici à un an, deux ans peut- » être, je verrai ces hommes, si fiers au début de la guerre, » forcés de renoncer à leur entreprise, faute de soldats à opposer » à mes légions russes ; persistons : la honte de l'entreprise sera » pour mes ennemis, la gloire sera pour moi ; et, plus que par

» le passé, je verrai l'Europe docile et tremblante à mes pieds. »
Tels sont les sentiments qui ont dû animer l'empereur Nicolas, en lisant ce qui vient de se passer dans le Parlement. Il a
dû se glorifier, se déifier en quelque sorte, à la pensée qu'il règne
sur une nation inépuisable en hommes ; et, s'il a pu avoir un
moment l'intention de céder aux exigences de l'Europe occidentale, il a dû revenir à d'autres pensées, depuis qu'il sait à quels
ennemis il a affaire. C'est dans la nature du cœur humain de
raisonner ainsi.

Mais, dira-t-on, la France n'est pas réduite à faire de pareils
aveux. D'accord : la France est plus peuplée que l'Angleterre ;
sa population est plus aguerrie ; son génie est bien plus militaire que celui du peuple anglais ; mais la France n'est pas une
contrée inépuisable en hommes comme la Russie; et si, pendant
plusieurs années consécutives, des levées de 140 mille hommes
pesaient sur le pays, croit-on que de fâcheux résultats ne fini-
raient pas par se faire ressentir? Qu'on se rappelle ce qu'était
la France vers la fin du règne de Napoléon : un épuisement de
la population mâle s'y faisait sentir d'une manière vraiment ef-
frayante. A cette époque, on ne voyait dans les campagnes que
des vieillards, des femmes et des enfants ; tous les hommes va-
lides étaient sous les drapeaux, et bientôt la disette d'hommes
devint telle, que, dans les hôpitaux, le service cessa d'être
fait par des infirmiers et que ce furent des femmes qui les rem-
placèrent (1). Nul doute que, si la guerre se prolongeait des
années, la France finirait par éprouver cette même disette
d'hommes et que les conséquences en seraient désastreuses pour
le pays.

Et cependant, la guerre est le seul moyen de contraindre la
Russie à arrêter son système d'envahissement. Quelles négociations, quelles conventions seraient efficaces contre un ennemi à
qui la ruse et la mauvaise foi sont familières. Une publication
faite il y a quelques années et qui a puissamment contribué à dé-

(1) L'auteur parle *de visu*; il était, à cette époque, à l'hôpital de Metz comme garde
d'honneur, et, dans ses excursions dans les environs, il put se convaincre de l'absence
d'hommes dans les campagnes.

masquer la Russie, en mettant au grand jour les documents de
sa politique perfide, le *Portfolio*, avait déjà appelé les peuples à
cette nouvelle croisade contre la barbarie. « Il faut, » disait une
lettre écrite de Constantinople quelque temps après la conclu-
sion du traité d'Unkiar -Skelessi, « il faut effacer ces traités et
» cette suite de priviléges destructifs qui enchaînent la Turquie ;
» il faut annuler cette longue série de conquêtes territoriales et
» politiques, qui se trouvent dans la possession matérielle de la
» Russie. Il faut repousser les Moscovites jusqu'à leurs neiges na-
» tives, jusqu'aux frontières qu'on n'aurait jamais dû leur laisser
» dépasser, si l'Europe eût pris soin d'assurer son propre repos.
» Les événements qui ont troublé le monde depuis le milieu du
» siècle passé, ne proviennent que de ces barbares, de ce cabinet
» sauvage, qui se sont frayé à la fois la route de l'Orient et de
» l'Occident. Il y a donc nécessité absolue d'*unir les deux exis-
» tences,* celle de l'orient et celle de l'occident de l'Europe, dont
» la séparation a amené la chute de la Pologne et de la Turquie,
» ces deux puissantes barrières contre l'ambition des czars et la
» rapacité des hordes qu'ils commandent.

» La guerre seule peut annuler le traité de juillet ( le traité
» d'Unkiar), parce qu'elle *annulera aussi tous les autres,* et qu'a-
» près avoir rendu les Turcs vainqueurs des Russes, elle aura
» inscrit sur les annales des pays affranchis par la restauration
» de la Turquie et la résurrection de la Pologne : *Ceci fut pris
» par les Russes pendant le sommeil de l'Europe, et fut repris à
» son réveil.*

» Si vous vous contentez des concessions quelconques que la
» Russie va vous faire, vous n'aurez qu'augmenté chez cette
» puissance le besoin d'occuper Constantinople, puisque vous
» l'aurez fait échapper à un danger qu'elle sentira dès-lors fort
» prochain et fort menaçant.

» Le public ottoman ne s'exalte qu'à l'idée consolatrice : *l'Oc-
» cident ne m'abandonnera pas.* S'il se voit abandonné, il perd de
» suite tout courage, écrasé par la certitude que la *chrétienté* dé-
» sire la chute de son empire. C'est là que gît tout le *secret* de
» la force et de la faiblesse de la Turquie.

» La Turquie a besoin d'une déclaration de garantie pour un
» traité qui établirait son existence (1). »

Mais si c'est aux armées réunies de l'Occident qu'il appartient
de commencer l'œuvre utile et glorieuse de réprimer, de res-
serrer l'ambition moscovite, croire qu'elles puissent l'achever
seules est une erreur ; il leur faut un autre concours, un concours
puissant en dehors des armées : le concours des nationalités ennemies de la Russie. Ces nationalités doivent être attachées aux
flancs de l'empire russe comme des brûlots aux flancs d'un vais-
seau ; depuis le nord jusqu'au midi, elle doit sentir l'action incessante de cette existence hostile à sa domination ; la Russie
doit se trouver cernée entre elles sans pouvoir se mouvoir. Les Fin-
landais, les provinces allemandes russes des bords de la Baltique,
la Prusse, les Polonais, les Moldo-Valaques, les Circassiens, les
Turcs, tels sont les éléments nationaux qui doivent servir à
la formation d'un cordon sanitaire qui doit être entretenu autour de la Russie, d'abord dans le but de la contenir dans ses
limites, plus tard dans le but de la refouler, plutôt moralement
que matériellement, en faisant faire des progrès à la civilisation
de l'Europe occidentale sur la sauvagerie et la barbarie moscovites. Ainsi serait écarté le danger des empiétements de la Russie,
et le jour où les armées de l'Occident se retireront après avoir
accompli leur glorieuse mission, elles pourront confier le soin
d'achever et de consolider leur œuvre aux nationalités qu'elles
auront fait revivre autour de l'empire russe, et que soutiendront
les escadres anglaises et françaises dans la mer Noire et dans la
Baltique. Vouloir faire davantage nous semble être une tâche au-
dessus des forces de la France et de l'Angleterre ; mais, lorsque
ces deux puissances veilleront sans cesse dans la mer Noire,
n'abandonnant jamais cette mer à la domination exclusive de la
Russie, y étant toujours en force et prêtes à s'opposer à toutes
tentatives de la part de cette dernière, celle-ci se verra paralysée
et impuissante à les surprendre par un coup de main hardi et
heureux sur Constantinople.

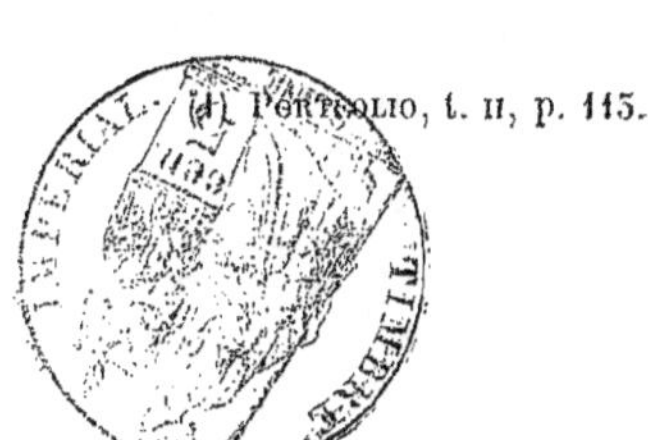

(1) Portfolio, t. II, p. 115.

Il y a quelques années, un voyageur bien renseigné sur les desseins du czar et sur les moyens que la Russie possédait pour s'emparer du Bosphore et de Constantinople, disait ce qui suit : « Dans cette question, tous les avantages sont du côté du pre- » mier occupant. » Dans l'exposé du maréchal Marmont sur la question d'Orient, la solution de cette immense question, qui ne faisait en quelque sorte que poindre, lorsque le maréchal traçait ces lignes en 1834, lui paraît être tout en faveur de la Russie ; il expose toutes les facilités que celle-ci possédait pour s'emparer de sa proie ; toutes les difficultés que les puissances occidentales devaient rencontrer dans leurs efforts pour empêcher que l'empereur de Russie ne vînt s'établir sur les rives du Bosphore ; mais, en somme, dit-il, les avantages seront en faveur du premier occupant.

« Sébastopol est un des plus magnifiques ports du monde. » La Russie y entretient une escadre de douze vaisseaux de li- » gne, parfaitement armée, équipée, et toute prête à mettre à » la voile. Cette escadre peut recevoir tel accroissement que la » politique exigerait. Une division d'armée est cantonnée à por- » tée ; en deux jours, cette division peut être embarquée, et, trois » jours après, rendue à Constantinople, car il n'y a de Sébasto- » pol au Bosphore que 180 milles, et les vents du Nord, qui rè- » gnent constamment, ainsi que les courants sortant de la mer » Noire, lui donnent la certitude d'arriver toujours promptement » et sûrement. Ainsi donc, aux premiers troubles qui auraient » lieu à Constantinople, à la première crainte d'une entreprise » faite par les flottes de France et d'Angleterre, l'escadre russe » franchirait le Bosphore avec douze mille hommes de troupes » de terre, et irait prendre la position que les circonstances com- » manderaient ; tandis qu'un corps d'armée, qui est constam- » ment réuni dans la Russie méridionale et fort de soixante mille » hommes, se porterait sur les bords du Danube, franchirait ce » fleuve, et se rendrait sans embarras, à marche d'étapes, au- » delà du Balkan. Ce corps se placerait à Andrinople et serait » à même de se porter partout où il serait jugé utile. Tout cela » serait fait si vite et si facilement, qu'on ne serait informé, à

» Paris et à Londres, du départ, que par l'arrivée ou par une
» marche déjà avancée des troupes, et du projet, que par l'exé-
» cution, exécution dont pas une seule chance ne contrarierait
» et ne mettrait en doute le succès.

» Si, en opposition à ce projet, on suppose que c'est l'Alliance
» des puissances occidentales qui veut agir, on doit calculer et
» apprécier quel temps il lui faut pour préparer ses moyens ;
» quel temps pour les combiner et exécuter ses projets ; combien
» de circonstances favorables doivent, en outre, les seconder pour
» en amener la réussite ; l'éloignement de nos ports et la lon-
» gueur de la navigation ; les vents et les courants contraires, si
» puissants dans ces parages, qu'ils mettent souvent des obsta-
» cles insurmontables à la navigation dans la direction qu'il
» faudrait suivre ; les bruits qui annonceraient et précéderaient
» cette expédition, et qui d'avance retentiraient en Russie, etc.
» On comprend qu'avec de pareilles conditions, toute surprise
» est impossible ; qu'instruits, même fort tard, des projets hostiles
» formés sur Constantinople, les Russes auraient toujours bien
» plus de temps qu'il n'en faut pour prévenir et pour déjouer
» tous les calculs qui auraient été faits contre eux (1). »

Le maréchal Marmont expose ensuite les moyens d'exécution
que possèdent la Russie et *l'Alliance.* D'après lui, tout est facile,
prompt, certain pour la première ; pour l'Alliance, tout lui semble
hérissé d'immenses difficultés : la longueur de la navigation,
les transports d'hommes et de chevaux, etc., etc. Puis il ajoute :

« Je ne me dissimule pas que tous les avantages militaires
» que je viens de développer en faveur des Russes, sont particu-
» lièrement une affaire de premier occupant ; que si l'on retourne
» la question, on verra que l'avantage des Russes disparaît
» en grande partie. En effet, si une flotte française et anglaise
» passe le détroit des Dardanelles et arrive à Constantinople ; si,
» en même temps, un corps de 50,000 hommes de l'Alliance,
» Autrichiens ou Français, vient prendre position à Andrinople
» et y établir le camp retranché dont j'ai parlé, alors les Russes

(1) *Voyage du maréchal duc de Raguse,* t. II, p. 110-114.

» ont d'immenses difficultés à vaincre pour enlever ces positions
» à leurs ennemis ; dès ce moment, leur escadre rentre à Sébas-
» bastopol et n'en sort plus, et, s'ils dirigent une armée sur les
» Balkans, cette armée est soumise à tous les dangers que lui
» ferait courir une armée autrichienne qui déboucherait, soit de
» la Transylvanie et entrerait en Bessarabie, soit de la Hongrie
» pour marcher en Servie et prendre à revers l'armée russe qui
» serait en Bulgarie. Il est vrai que, dans ce cas, le mouvement
» offensif de la part des Russes serait sans doute précédé de l'en-
» trée en Transylvanie d'une grande armée qui, prenant position
» dans cette principauté, couvrirait le corps qui marcherait sur
» Constantinople. Néanmoins, cette opération des Russes devien-
» drait difficile (1). »

L'empereur de Russie a fait l'immense faute de ne pas se pé-
nétrer de la vérité des observations qu'on vient de lire ; il a pré-
féré devoir à la ruse ce qu'il aurait pu se procurer par la force.
Par un bonheur providentiel, au lieu d'aller prendre les devants,
de se porter avec ses flottes et ses armées aux Dardanelles et à
Constantinople, il a cherché à entraîner l'Angleterre dans une
négociation séparée ; il a été ébloui, fasciné, égaré par une idée
que toute entente entre le gouvernement anglais et un successeur
de Napoléon était une chose impossible ; il a compté sur les
vieilles rivalités nationales entre la France et l'Angleterre. C'est
là ce qui peut expliquer que Nicolas n'ait pas mieux su profiter
des avantages que sa position lui donnait sur les puissances occidentales ; c'est là une faute dont il doit amèrement se repentir.
C'est une faveur spéciale de la Providence d'avoir frappé d'aveu-
glement le puissant autocrate, qui s'est porté à lui-même un
coup funeste dont il ne pourra pas se relever, si on le met dans
une position à ne pouvoir réparer plus tard cette énorme faute ;
car s'il se retrouvait un jour libre de recommencer, nul doute
qu'il se rappellerait ces mots prophétiques du maréchal Marmont, *que la possession de Constantinople est une affaire de premier occupant.*

(1) *Voyage du maréchal duc de Raguse*, t. II, p. 122-129.

Mais l'Alliance sera-t-elle toujours là pour empêcher cette occupation ? Cela est matériellement impraticable. Il n'est pas possible que la France et l'Angleterre entretiennent à demeure des armées dans l'Orient pour veiller à la sûreté du trône du sultan ; il arrivera donc un moment où cette occupation militaire cessera et où il n'y aura plus que des escadres françaises et anglaises qui pourront garantir Constantinople d'un coup de main partant des ports russes ; mais cela ne suffit pas, si, d'un autre côté, l'action répulsive de l'Europe ne pèse de tout son poids sur la Russie. Au système agressif et envahissant du cabinet de Saint-Pétersbourg, l'Europe doit opposer un système défensif fortement coordonné et s'étendant sur la plus vaste échelle, c'est-à-dire embrassant autant que possible toutes les frontières de l'empire russe, non telles qu'elles sont de nos jours, mais telles qu'elles étaient avant les envahissements de Catherine II et de ses successeurs. Tous les traités iniques, imposés par la force à des voisins trop faibles, devraient être considérés comme lettre morte, comme autant de pactes frauduleux arrachés par la violence et qui cessent d'être obligatoires, du jour où la force permet de ressaisir ce que la force seule a pu enlever sans autres droits que ceux du plus fort.

La Russie possède l'avantage de marcher en avant, d'après un système arrêté. Ce système, le voici :

La politique et la religion ne font qu'un chez les Russes ; cela est vrai, surtout depuis l'année 1812. Les événements de cette année avaient développé dans ce pays un grand sentiment d'orgueil national auquel se mêla bientôt l'illuminisme religieux que favorisaient le caractère, la tournure d'esprit et les faiblesses de l'empereur Alexandre. Au milieu du développement de cette fierté nationale et de cet enthousiasme religieux, il s'était formé, à Saint-Pétersbourg et à Moscou, une école d'hommes d'État, qui proclamait hardiment que l'union indissoluble des deux principes doit être désormais l'élément fondamental de la politique et de l'administration du gouvernement impérial : de là une tendance très-caractérisée à voir, en quelque sorte, un sujet russe dans tout homme qui professe le culte grec, et une persévérance infatigable à s'immiscer dans les conflits qui, par exemple, en Turquie, éclataient souvent entre le gouvernement du sultan et ses sujets grecs. Cette école avait établi, comme conséquence de son système, qu'un sujet de l'empereur doit professer le culte orthodoxe ; que celui qui ne le professe point n'est ni un vrai Russe, ni un sujet fidèle, et que quiconque le professe ailleurs qu'en Russie, tient, par un lien indissoluble et sacré, à cette grande nationalité russe qui doit un jour couvrir la face du monde comme la religion orthodoxe elle-même. Elle avait aussi admis cette autre conséquence, que le gouvernement ne doit sa protection qu'à ceux qui professent le culte orthodoxe, et que les dissidents sont des ennemis qu'on peut à peine tolérer.

En Russie, les catholiques et les protestants sont tolérés, mais à la condition de se tenir dans une immobilité absolue : point de prédication pour eux, point d'enseignement libre , point d'apostolat ; ces moyens sont le privilége de l'Église nationale, dont l'ardent prosélytisme est soutenu par la protection des lois et récompensé par les innombrables faveurs dont le gouvernement peut disposer.

Nous avons dit que celui-là n'est pas considéré comme un vrai Russe et comme un sujet fidèle, qui ne professe pas la religion nationale : il s'ensuit qu'en sa qualité de suspect, il est soumis, par la législation, à la surveillance incessante de la police et souvent à l'action d'une justice ombrageuse et arbitraire. Et cela se passe dans un pays où l'on comptait, d'après les derniers recensements, plus de 12 millions de chrétiens dissidents sur une population totale de 65 millions d'âmes (1) ; et cependant les droits de ces chrétiens ont été placés sous la protection des

---

(1) D'après le recensement de 1846, la population de la Russie peut se classer de la manière suivante entre les divers cultes :

| | | | |
|---|---|---|---|
| 49,000,000 de sujets Russes appartiennent à l'Église orthodoxe russe. | | | |
| 7,500,000 | id. | id. | à l'Église catholique romaine. |
| 5,500,000 | id. | id. | à la foi protestante. |
| 2,400,000 | id. | id. | à l'islamisme. |
| 1,500,000 | id. | id. | au judaïsme. |
| 1,000,000 | id. | id. | aux Arméniens. |
| 600,000 | id. | sont idolâtres. | |

Total, 65,500,000

traités les plus solennels et sous la foi des engagements les plus sacrés.

Le droit sacré de la liberté de conscience n'est nulle part plus maltraité que dans l'empire russe, et c'est surtout à l'intérêt politique que ce droit a été sacrifié. L'orthodoxie russe a servi merveilleusement les projets ambitieux des successeurs de Pierre le Grand et de la grande Catherine, et il se peut qu'elle les serve encore.

La Russie a mis au service de son ambition une autre idée : celle de réunir en un faisceau toutes les familles des peuples d'origine slave; elle a des émissaires qui prêchent partout la résurrection et le réveil de la nationalité slave. C'est peut-être une chose aussi impraticable de vouloir faire une seule nation de tous les peuples slaves, que si l'on voulait essayer de fondre ensemble la France, l'Angleterre et l'Allemagne, sous prétexte qu'elles sortent toutes d'une même souche germanique.

Or, quel peut être le but de la Russie en propageant, comme elle le fait, par tous les moyens, et surtout par des prédications mystiques, la pensée de former une nation slave? Le but est facile à comprendre. Si elle réussissait à faire adopter le nom de Slaves par les Polonais, il n'y aurait plus de Pologne, mais seulement, au bord de la Vistule, une peuplade détachée d'une grande famille dont le chef serait à Saint-Pétersbourg. En outre, nous voyons en Russie quarante et quelques millions de Slaves. Cette même race non-seulement couvre la Pologne, mais elle s'étend dans toute la vallée inférieure du Danube; on la retrouve en Illyrie, dans le Tyrol; elle fournit une très-grande partie des sujets de l'Autriche et de la Turquie. Dans ces divers pays, on ne compte pas moins de 40,000,000 de Slaves, parlant à peu près la même langue que les Russes et professant presque tous la religion grecque, dont le czar est le chef suprême.

Si donc la Russie parvenait peu à peu à faire germer chez tous ces peuples l'idée que les Slaves doivent être réunis, il est certain que cette nation se rallierait, à mesure de sa formation, à la grande masse des Slaves sujets de l'empereur Nicolas, et celui-ci deviendrait ainsi le souverain en même temps que le chef spirituel de la plus grande monarchie dont l'histoire moderne fasse mention, puisqu'il règnerait depuis les bords de la mer Blanche et de la Baltique, jusqu'à ceux de l'Adriatique et de l'Archipel grec.

Cet empire slave aurait pour capitale Constantinople, car toutes les provinces qui l'entourent sont slaves : la Bulgarie, la Servie, la Bosnie, l'Herzgovine, la Dalmatie, le Montenegro, la Roumélie. L'Autriche doit prévoir qu'au lendemain de la création d'un empire slave à Constantinople, ses provinces slaves (un tiers de cette monarchie) tendraient invinciblement à s'en détacher, pour aller se réunir au grand centre de leur nationalité.

Qu'on ne croie pas que, par un caprice d'imagination, nous exagérions ici les projets de la Russie. La présence de ses émissaires dans toutes les contrées du nord de l'Europe, le langage qu'ils tiennent, les révolutions toujours renaissantes fomentées par eux dans les principautés du Danube, leurs manœuvres dans le Liban, les intrigues qu'ils ne cessent d'ourdir dans le petit royaume d'Othon, les persécutions qu'éprouve l'Église catholique en Pologne, et la ferveur de propagande religieuse qui anime Nicolas, tout prouve que ce n'est pas calomnier l'empereur de Russie que de lui attribuer ces vastes conceptions ; c'est une nouvelle face de la politique d'une puissance qui, depuis qu'elle existe, ne s'est pas arrêtée un instant ; d'une puissance dont l'ambition est la plus grande et la plus active qu'on ait vue depuis l'empire romain.

Un auteur contemporain a tracé un tableau de la race slave, qui jette un nouveau jour sur la politique russe, dont l'auteur paraît être un grand admirateur et peut-être même un confident (1).

(1) La question panslaviste, ou, pour parler plus exactement, l'idée révolutionnaire panslaviste, a été traitée dans ces derniers temps par plusieurs écrivains. On signalera ici le livre de M. Charrière, intitulé : *La politique de l'Histoire*, et l'opuscule de M. N. Tourgeneff : *La Russie dans la crise actuelle*, 1848. Dans ces écrits, on s'attache à prouver aux Polonais qu'il y va de leur intérêt de se rallier à la pensée panslaviste, qui est d'échanger leur haine nationale contre la Russie, contre un embrassement fraternel de peuple slave à slave.

L'idée panslaviste a trouvé des partisans en Pologne ; les Polonais se sont dit : Puisque l'Europe nous abandonne à notre malheureux sort, rallions-nous au panslavisme,

En somme, la question panslaviste se réduit à deux hypothèses : le panslavisme autocratique et le panslavisme démocratique.

Le premier consisterait à réunir toutes les différentes nationalités d'origine slave, sous le sceptre du czar de Russie ; pensée grandiose, mais pensée éminemment dangereuse pour l'Europe centrale et occidentale, qui, à moins de tendre les mains aux chaînes qu'on voudrait lui imposer, ne le tolèrera pas.

Quant au panslavisme démocratique, il consisterait à former une fédération entre toutes les nationalités d'origine slave, d'en faire des républiques unies entre elles par un lien fédéral, dans le genre de celui des États-Unis de l'Amérique. Quant à ce panslavisme-là, on peut le ranger parmi les utopies, les rêves irréalisables nés dans quelques esprits malades et dont il est parfaitement inutile de se préoccuper.

L'Europe occidentale, ou l'Europe proprement dite (car l'Europe finit là où commence la Russie), doit opposer son système au système russe, et ce système ne peut être autre que de faire contre la Russie ce que celle-ci voudrait faire contre l'Europe. La Russie voudrait faire avancer ses boulevards vers le centre du continent, l'Europe doit vouloir faire avancer les siens vers le centre de la Russie, en la dépouillant de toutes les nationalités incorporées à l'empire russe. Tel doit être le but de la guerre. Si ce but est négligé, s'il n'est pas atteint, si les armées de l'Eu-

formons un grand peuple de toutes les nations d'origine slave, et plaçons à notre tête l'empereur de Russie.

Si un pareil projet venait à se réaliser, la Pologne se tournerait contre l'Europe ; celle-ci, au lieu de l'avoir comme boulevard, la trouverait comme la citadelle avancée de la politique russe, sur les confins de l'Allemagne. Personne n'est assez aveugle pour ne pas comprendre que ce serait un immense danger.

De là, deux grands partis qui divisent la Russie, le vieux et le jeune, Moscou et Saint-Pétersbourg, le *panslavisme* et l'*école naturelle*. Le vieux parti russe, ou panslaviste, est représenté par la *Gazette de Moscou ;* ses idées de domination universelle, d'empire slave, plaisent à l'empereur, qui le laisse volontiers se livrer, en faveur du panslavisme, à une active propagande littéraire. Toutefois, les théories politiques de ce parti inquiètent le czar, qui connaît son histoire de Russie et ne tient pas du tout à rétablir la turbulente oligarchie des boyards. L'*école naturelle* est représentée par le *Journal de Saint-Pétersbourg*. Cette école a pour adhérents les hommes les plus éclairés de la Russie. On peut résumer ainsi son programme : pas d'agrandissement territorial, séparation complète de la Pologne, émancipation absolue des serfs.

rope occidentale se retiraient sans laisser cette foule d'ennemis attachés aux flancs de la Russie, l'entreprise serait glorieuse, mais ce ne serait, en définitive, qu'un glorieux coup d'épée dans l'eau, et ce serait une expédition plus chevaleresque qu'utile, qu'on pourrait comparer, en quelque sorte, aux croisades du moyen-âge, brillantes, si l'on veut, mais qui n'ont été que de bien peu d'utilité.

Que l'on se pénètre bien de ces mots du maréchal Marmont : « *L'avantage restera toujours au premier occupant.* » L'avenir de l'Europe est renfermé dans ce peu de mots ; c'est-à-dire qu'il faudra mettre la Russie dans une position à ne pouvoir jamais surprendre l'Europe, en s'installant un jour à l'improviste à Constantinople. A coup sûr, ce ne seront pas des armées franc̨aises et anglaises qui pourront veiller constamment à détourner un pareil danger ; il n'y a que des nationalités ennemies, veillant sur les frontières russes, qui pourront tenir cet empire dans un état d'infériorité et qui l'empêcheront de donner une libre carrière à ses desseins ambitieux. On se rappelle qu'au commencement de la lutte, la Russie, en introduisant dans la diplomatie une nouvelle formule, demandait *des garanties matérielles;* c'est l'Europe aujourd'hui qui est en droit d'en demander à la Russie.

Il va sans dire que, de toutes ces nationalités, la plus vivace, la plus considérable, c'est celle de Pologne. Malgré tous les efforts mis en œuvre par la Russie pour faire croire que cette nationalité a cessé d'exister, malgré toutes les mesures tyranniques qui ont arraché des milliers de Polonais de leur patrie pour les transporter dans des provinces russes, la volonté de fer d'un autocrate vient s'arrêter devant l'impossible : il ne peut détruire la nationalité polonaise, elle subsiste et subsistera toujours ; un czar doit se résigner à trouver dans les Polonais des amis ou des ennemis. Jusqu'à ce jour, la Russie s'est conduite, à l'égard des Polonais, de manière à s'en faire des ennemis acharnés ; c'est dans cette haine nationale que l'Europe doit chercher une sauve-garde contre les débordements de la puissance moscovite. Vingt millions de Polonais, placés entre l'Allemagne et la Russie, sont une barrière formidable ; c'est un camp permanent placé sur l'extrême limite de l'Europe civilisée, pour tenir en respect et refouler au besoin l'Europe barbare. Le rôle glorieux que la Pologne a joué dans les âges précédents, en arrêtant les invasions des Ottomans, elle le jouera de nouveau dans les âges futurs, en garantissant l'Occident de l'invasion de cette race russo-tartare, façonnée sous le joug d'une longue tyrannie, et qui semble ne se résigner à l'esclavage que dans la pensée de le faire subir à des nations qui savent apprécier les bienfaits de la civilisation et de la liberté.

On croit devoir rappeler ici un épisode de cette mémorable campagne de 1812, dont l'issue fut si fatale pour Napoléon, et qu'il eût pu terminer d'une manière si glorieuse, s'il eût voulu donner suite à un projet conçu par lui avant que de se hasarder dans l'intérieur de la Russie.

Cédant à des conseils dictés par la prudence, fatigué de poursuivre un ennemi qui ne se montrait à ses yeux que pour s'évanouir aussitôt qu'il croyait en venir aux mains avec lui, Napoléon dit à ses généraux, au nombre desquels était M. de Narbonne : « La campagne de 1812 est finie ; celle de 1813 fera le reste. » C'était le 28 juillet, au quartier-général de Vitepsk, que ces mots furent dits ; l'Empereur voulait y faire reposer l'armée, et organiser la Pologne. « En même temps, avec cette puissance d'es-
» prit qui ne pouvait compenser la suspension du mouvement
» que par l'activité des projets, il médite un vaste établissement
» sur cette frontière conquise sans combat, la formation d'une
» grande ligne militaire partant de Riga, qui reste à occuper,
» jusqu'à Polosk, que couvre la Bérésina, dont le nom fatal et
» bientôt à maudire est compté dans ce plan parmi nos pro-
» chaines défenses. Derrière ce rempart de deux cents lieues,
» gardé par la grande armée et protégeant les deux Lithuanies
» reconquises, les provinces polonaises vont se reconstituer. C'est
» une guerre d'affranchissement, au lieu d'une guerre d'invasion ;
» le campement prolongé, au lieu de la rapide victoire ; l'insur-
» rection régulière d'une partie des districts polonais, au lieu de
» la poursuite et de l'étourdissement du czar. Dès lors, plus de
» difficultés pour l'approvisionnement de ces masses nombreuses ;

» le pays occupé nourrira ses libérateurs. Les garnisons de Minsk
» et de Vilna communiqueront sans obstacle avec Vitepsk ; tout
» ce qui sera conquis se croira délivré ; tous les espaces entre
» les divers corps de la grande armée seront amis et auxiliaires ;
» et la Russie, pour premier essai de l'invasion française, se sen-
» tira démembrée d'une moitié de ses anciennes conquêtes,
» qu'elle n'aura pas même osé défendre sur leur sol (1). »

Mais bientôt d'autres avis, plus conformes à la première pas-
sion de Napoléon, vinrent combattre ces sages résolutions ; le
projet de rappeler la Pologne à l'existence fut perdu de vue. On
sait quelles en furent les terribles conséquences, et la Pologne,
qui, à cette époque, aurait pu être délivrée du joug russe, vit
river ses chaînes après les désastres de 1812.

C'est là, en grande partie, le point de départ de la prépondé-
rance russe depuis 1814. Napoléon, qui avait voulu tourner la
Pologne contre la Russie, ne le fit pas ; la Russie, à son tour,
a tourné la Pologne contre l'Europe. C'est une tête de pont me-
naçante ; c'est une citadelle destinée à protéger la Russie et à
inspirer une terreur salutaire à l'Autriche, à la Prusse et à toute
l'Allemagne. Avec la Pologne entre les mains de la Russie, l'é-
quilibre politique est détruit en Europe ; il ne pourra se reconstituer sur des bases solides et durables, qu'autant que cette nationalité sera replacée entre l'Europe occidentale et la Russie.
Le grand publiciste anglais Burke disait, il y a plus d'un demi-
siècle : « Depuis le partage de la Pologne, l'équilibre politique
» est détruit en Europe. »

Cette résurrection des nationalités incorporées dans la Russie
est-elle possible ? La chose était impraticable il y a peu d'années
seulement. Voyons quel était alors le tableau qu'offrait la politique générale de l'Europe. L'union, l'alliance la plus étroite
subsistait entre les trois cabinets du Nord : à Pétersbourg, à
Vienne comme à Berlin, on était animé de la même pensée, une
pensée hostile à la France. C'était le legs de 1814 et 1815 ren-
forcé par les événements de 1830.

(1) VILLEMAIN, *Souvenirs contemporains*, p. 198-199.

La France et l'Angleterre étaient alliées, dit-on ; mais qu'elle alliance ? péchant par sa base, boîteuse tout au moins. La question d'Espagne était là pour diviser profondément les cabinets de Londres et des Tuileries. Louis-Philippe, ce roi sorti des barricades, dont le caractère était modelé sur celui des affranchis de la Rome impériale, ce pastiche couronné chantant la *Marseillaise* pour cajoler les voyoux de Paris, et se disant *du bois dont on fait les rois* pour se faire bien venir auprès des rois légitimes, après avoir posé sur sa tête une couronne qui avait été traînée dans les ruisseaux de Paris, se crut appelé à continuer ou même à refaire l'œuvre de Louis XIV ; il se croyait un grand roi, parce que celui que M. Royer-Collard a défini par ces mots : *c'est le sot*, venait lui dire, dans son langage pompeux. « Le roi » a fait toutes les choses impossibles aux pouvoirs antérieurs : » l'œuvre de la révolution sans désordres et sans excès ; l'œuvre » de Napoléon sans despotisme et sans conquêtes ; l'œuvre de » la Restauration, à bien des égards, sans soulèvement et sans » impopularité. Il recommencera l'œuvre de Louis XIV sans la » guerre de la succession. »

Mais, de ce jour, l'alliance entre les cabinets des Tuileries et de Londres devenait impossible, et, peu de temps après que Louis-Philippe se fut glorifié d'avoir restauré la politique du grand roi, il marchait sur les traces des princes de la Restauration et allait chercher un asile en Angleterre. La politique anglaise a-t-elle été pour quelque chose dans cette chute ignoble ?

A la suite des événements de 1848, l'Europe fut profondément remuée ; un ordre nouveau devait en sortir. Depuis trois siècles, le chiffre 48 se rattache à de grandes révolutions en Europe : en 1648, c'est la paix de Munster qui introduit un nouveau droit politique européen ; en 1748, la paix d'Aix-la-Chapelle qui sanctionne toutes les conquêtes de Frédéric II et élève la Prusse comme puissance rivale de l'Autriche dans l'Empire ; en 1848, la monarchie Autrichienne paraît être ébranlée dans ses fondements ; l'esprit de révolte et d'insurrection menacent de toutes parts le trône impérial. La Russie, coutumière du fait, après avoir attisé sous main le feu de la révolte, vient offrir ses forces pour la dompter, sachant, par l'expérience du passé, tout ce qu'il y a à gagner pour elle dans ce double jeu ; la Pologne, la Turquie, la Grèce sont là pour prouver combien cette politique a constamment été à l'usage du cabinet russe et tous les bénéfices qu'il a su en tirer.

L'empereur d'Autriche, après avoir accepté les secours intéressés du czar pour dompter la révolte dans ses États, était condamné à passer à son tour sous les *fourches caudines* de la Russie. Ce fut à cette occasion que le prince de Schwartzenberg prononça ces paroles mémorables : « Nous donnerons, d'ici à » peu, l'exemple de la plus grande ingratitude. » Dans ce peu de mots, était renfermée la pensée que l'alliance entre l'Autriche et la Russie avait fait son temps, et que la première, pour ne pas décheoir au rang de puissance vivant sous le bon vouloir de la Russie, devait aller chercher des alliés ailleurs ; que le moment était venu pour elle de se tourner vers la politique de l'Occident.

Dans l'Occident, une immense révolution venait de s'accomplir : d'une république transitoire renaît un trône impérial ; d'une alliance caduque entre la royauté bourgeoise de Louis-Philippe et le cabinet de Londres, surgit une alliance nationale entre la France et l'Angleterre, fondée sur des intérêts communs : la défense de l'indépendance de l'Orient contre la suprématie de la Russie.

A qui est-on redevable de ces grands résultats ? A l'empereur Napoléon III, ce qui fait de ce prince la plus grande figure historique du xixᵉ siècle.

Depuis près d'un demi-siècle, on était accoutumé à ne voir que des médiocrités sur les trônes. Les valets de Napoléon Iᵉʳ ne firent que changer de livrée ; ils endossèrent aussitôt celle de la Russie. Après avoir subi une cruelle humiliation, ils se jetèrent volontairement, et avec enthousiasme encore, dans la platitude. Quel beau et bon temps pour la cour de Saint-Pétersbourg ! Elle n'avait qu'à exprimer un désir, et ce désir était presque un ordre. Un homme se présente, et le charme est rompu ; cet homme, c'est Napoléon III. Il joue en Europe le rôle glorieux que Guillaume III y joua au xviie siècle : celui-ci sut mettre des bornes à l'esprit d'envahissement de Louis XIV ; Napoléon III a fait davantage peut-être, il a arrêté l'ambition de la Russie et détruit le prestige qui l'entourait et devant lequel l'Europe entière tremblait. Il l'a fait à l'aide de l'Angleterre, qui n'attendait, de son côté, qu'un allié utile, résolu, pour réaliser ce grand, ce noble dessein, la réaction de l'Occident contre la domination russe dans l'Orient. Vainement l'Angleterre eût-elle attendu cet allié utile dans Louis-Philippe, prince dont le caractère était un mélange de hardiesse et de timidité. Il fallait un homme taillé comme Napoléon III pour arriver à ce résultat : sobre de paroles, mais riche en pensées ; prudent et froid dans la conception, énergique quand le moment de l'exécution est là ; une de ces têtes capables de peser les destinées de l'Europe et de relever la France de l'état de suspicion, où d'innombrables folies l'avaient réduite un jour, après avoir brillé pendant un temps d'un éclat plus éphémère que réel.

L'Angleterre et la France réunies pouvaient seules opérer l'espèce de miracle auquel nous assistons ; elles ont rendu la vie à l'empire ottoman, si indispensable à l'équilibre continental ; elles ont humilié, brisé cette domination russe, si redoutable pour l'indépendance de l'Europe. Rendons-en grâce à qui de droit ; confondons dans notre reconnaissance la politique prévoyante des cabinets des Tuileries et de Londres ; mais reconnaissons aussi que ce dernier n'eût jamais osé espérer d'arriver à un si glorieux résultat, si le trône de France n'eût été occupé par un homme qui a appris le grand art de régner, longtemps avant d'être élevé au pouvoir suprême, et auquel la France n'a confié ses destinées que dans l'intérêt de sa gloire trop longtemps obscurcie et dans celui du salut du continent.

Exemple nouveau dans les annales de la France, depuis 1789, où tout gouvernement qui flattait les passions et l'amour-propre de la nation devenait aussitôt un sujet d'alarme pour l'Europe, et où tout gouvernement, s'efforçant de rassurer le continent, devenait à son tour un motif de méfiance et d'humiliation pour le peuple français !

Déjà le sang français et anglais a glorieusement coulé sur les champs de bataille, dans la cause de l'Occident contre l'Orient. L'Autriche, qui était déjà moralement acquise à l'alliance, est à la veille de se joindre matériellement à elle. Brisant les liens funestes qui en faisaient comme le satellite de la Russie depuis le partage de la Pologne, elle vient enfin d'ouvrir les yeux sur le danger de voir grandir sur ses flancs menacés le colosse de la domination russe.

L'Autriche, en se chargeant de la défense de la liberté du Danube, dans l'intérêt de l'Allemagne et de ses propres États, s'est mise en hostilité ouverte avec la politique russe, qui visait à la domination exclusive de ce fleuve pour le réduire à l'état où le traité de Munster avait réduit l'Escaut. De telles exigences étaient possibles au xviie siècle ; elles ne le sont plus au xixe. La prétention de clore la libre navigation du Danube, à son embouchure, peut être mise à côté du blocus continental ; ce sont là des énormités que la force peut faire accepter pendant un temps, mais desquelles le bon sens et la raison publique finissent toujours par triompher.

Aujourd'hui, l'Autriche a fait un pas de plus ; elle a accédé à l'alliance de l'Occident. C'est le commencement de l'ère nouvelle pour l'Autriche.

Au moment de ce grand revirement politique, si glorieux pour ceux qui savent s'y rallier franchement, si compromettant pour ceux qui ne savent pas prendre une résolution franche et adopter une position nettement dessinée, la Prusse se perd dans l'opinion publique, grâce aux incertitudes de son cabinet. Si des instincts de conservation la poussent vers la politique de l'Occident, des sympathies de famille la poussent vers la Russie. Embarrassée, tiraillée entre deux sentiments, la Prusse s'amoindrit aux yeux de l'Europe ; elle perd de plus en plus ce grand prestige de puissance que les événements de 1814 et 1815 lui avaient accordé, qu'elle revendique en toute occasion sans en savoir remplir les premiers devoirs ; elle ne peut se dissimuler le danger ; mais elle aime à se faire illusion, sans même avoir la certitude que, pour prix de ses complaisances, la Russie lui ac-

cordera la faveur du cyclope et ne la dévorera que la dernière ;
la Prusse, grandie par la puissante volonté d'un Frédéric II, est
à la veille de décheoir sous les incertitudes de son chef, et men-
die en quelque sorte la permission de rester dans la plus com-
promettante neutralité. Qu'elle se souvienne de la fatale année
1806 ! Le jour où elle sera forcément contrainte de marcher,
soit avec le Nord, soit avec l'Occident, il n'y aura plus que les
quatre grandes puissances de l'Europe, et elle retombera dans
la catégorie de ces États que Frédéric le Grand comparait à
des chaloupes, « chaloupes, » disait-il, « qui reçoivent l'impul-
» sion du navire auquel elles sont attachées. » Le tout est main-
tenant de savoir à quel bâtiment de guerre il faudra attacher la
chaloupe prussienne.

La Prusse, qui s'est agrandie par des spoliations de tout
genre, ne peut se dissimuler cependant que, pour devenir une
grande puissance ( une grande puissance ! ), elle doit continuer
l'œuvre d'Albert de Brandebourg, de Frédéric II, de Frédéric-
Guillaume III. Personne ne lui en voudrait si elle exerçait ce
système aux dépens de la Russie ; loin de là, l'Europe ne ferait
qu'y gagner. Mais ce n'est pas de ce côté que se tournent les
vues d'agrandissement du cabinet de Berlin ; c'est en Allemagne
que la Prusse veut étendre sa domination, au détriment de la
Confédération qu'elle mine sourdement par des *réunions*. Na-
guère elle a réuni à sa domination les deux principautés de
Hohenzollern ; ces jours derniers, le grand duc de Holstein vient
d'abandonner à la Prusse une partie de son État sur les bords
de la mer du Nord et dans le golfe de Jahde, dans le but d'y
créer un établissement de marine militaire. Ces transactions de
la Prusse avec des souverains allemands s'expliquent difficile-
ment avec le droit public européen et celui de la Confédération
germanique, dont les bases ont été jetées dans le traité de Vienne
de 1815 (1).

(1) Les *pia desideria* du roi de Prusse sont de former un établissement de marine
militaire dans le golfe de Jahde. Au moment où l'on cherche à mettre l'embouchure du
Danube entre les mains de l'Autriche, la Prusse vise à une compensation dans le même
genre et jette les fondements plus ou moins éloignés d'une domination semblable sur
les embouchures de l'Elbe et du Weser, en se créant un établissement naval militaire

Outre ses propres forces, l'empereur de Russie a probablement compté sur un puissant auxiliaire, sur l'esprit révolutionnaire qui règne dans l'Occident, et sur de nouveaux mouvements populaires, tant en France qu'en Allemagne et en Italie ; car, de tout temps, la Russie a su tirer un merveilleux parti des embarras de l'Europe occidentale, pour agrandir et consolider sa domination en Orient. Après avoir perdu l'appui des cabinets et des rois, il reste celui des démagogues ; c'est un secours que la Russie n'a jamais repoussé pour parvenir à ses desseins ; et Mazzini et Kossuth peuvent espérer aujourd'hui d'être favorablement écoutés à Saint-Pétersbourg, si l'un promet de révolutionner l'Italie, et l'autre de mettre le feu en Hongrie.

Espérons que ces calculs machiavéliques seront mis en défaut ; espérons et souhaitons ardemment que les amis d'une sage liberté seront assez avisés pour comprendre qu'en provoquant des mouvements révolutionnaires dans les États civilisés, c'est travailler directement, non au triomphe de leurs principes, mais à ceux du despote oriental, dont le continent tout entier a tant à redouter.

Si Voltaire a pu écrire un jour, pour flatter l'impératrice Catherine : « C'est du Nord que nous vient la lumière, » aujourd'hui on peut dire en toute vérité : C'est du Nord que nous vien-

capable de dominer à la fois ces deux fleuves et le Zuiderzée. N'y a-t-il pas là de quoi faire réfléchir et même trembler le gouvernement des Pays-Bas ? Feu la république des Provinces-Unies n'eût jamais toléré quelque chose d'aussi menaçant à ses portes. Si j'étais le gouvernement des Pays-Bas, je m'y opposerais de toutes mes forces, en m'appuyant sur la France et l'Angleterre, parties intéressées au maintien des traités de Vienne, qui règlent l'état territorial de la Confédération germanique et qu'on ne peut remanier sans le consentement des cabinets des Tuileries et de Londres.

Sous le point de vue allemand, on ne s'explique pas comment, en présence du droit public de la Confédération germanique, ces transactions particulières entre princes allemands sont admissibles par la Diète. Ne tendent-elles pas à changer, à dénaturer le *statu quo* de la Confédération germanique ? Ne sont-ce pas des infractions manifestes à l'acte du congrès de Vienne ? La Diète y a-t-elle donné son consentement, ou n'est-elle comptée pour rien dans ces arrangements ?

Comme souverain allemand, le roi des Pays-Bas est aussi intéressé à ne pas voir établir ce système, qu'il est intéressé, comme roi des Pays-Bas, à s'opposer à l'établissement que la Prusse se propose de former dans le golfe de Jahde : il pourrait, par conséquent, élever sa voix dans cette question, et comme roi des Pays-Bas, et comme l'un des membres de la Confédération germanique.

drait la servitude, avec le retour vers un état barbare. Que les grands entrepreneurs de révolutions violentes veuillent bien se rappeler cette vérité et ne pas creuser la tombe de la civilisation, en voulant ériger des autels intempestifs à la liberté. Quand la première sera à l'abri de tout danger, l'autre finira par vaincre bien des répugnances en s'infiltrant doucement dans les cœurs et les intelligences les plus rebelles à ses bienfaits.

La Russie, en faisant franchir le Pruth à son armée, en envahissant la Moldavie, en attaquant la Valachie, en bombardant Sinope, jeta le gant à l'Europe occidentale qui, cette fois, lassée d'être bravée, le releva. Ce fut la guerre entre l'Occident et l'Orient, guerre prévue depuis bien des années, mais que la timidité des cabinets de l'Europe occidentale avait toujours cherché à éviter.

Aujourd'hui que le glaive est tiré, il ne peut être question d'une paix plâtrée ; il faut que le Rubicon soit passé d'un côté ou de l'autre ; il faut que l'Occident sorte triomphant de la lutte, en refoulant la Russie dans ses limites, ou qu'il se voie réduit à tout endurer de la Russie ; en un mot, si les frontières de la Russie ne sont pas reculées, si celles de l'Europe ne sont pas avancées, la Russie reste maîtresse du champ de bataille, et ce triomphe sera bientôt suivi d'autres triomphes bien plus menaçants encore pour l'Occident.

Caton *le Censeur* était si pénétré du danger auquel Rome se voyait exposée par le voisinage de Carthage, que, toutes les fois qu'il prenait la parole dans le Sénat, il terminait son discours par ces mots : *Delenda est Carthago.* L'Europe ne demande pas la destruction de la Russie, mais elle demande que ses limites soient réduites et cessent d'être aussi menaçantes pour le reste du continent ; qu'elle abdique cet orgueil dictatorial vis-à-vis des autres puissances ; en somme, qu'elle soit replacée dans une position plus modeste, qui fasse d'elle l'égale et non la supérieure des autres puissances du continent.

Saint-Germain-en-Laye, le 2 Janvier 1855.

## POST-SCRIPTUM.

On dit que l'Empereur de Russie vient d'accepter les quatre points indiqués comme base des négociations pour la paix : prions Dieu que l'Europe ne retombe pas dans son état de somnolence, car il pourrait être suivi du plus épouvantable des cauchemars. Mais non, rassurons-nous, Napoléon III est là, et préférerait suivre l'exemple glorieux de Louis XIV, prêt à parcourir Paris, la lettre du maréchal de Villars à la main, que de souscrire à des conditions qui le placeraient sur la même ligne que les Bourbons de la Restauration, et le roi bourgeois de l'ère de 1830. Quand on a donné le signal de la gloire à son pays, on ne recule pas !

SAINT-GERMAIN-EN-LAYE, IMPRIMERIE DE H. PICAULT, RUE DE PARIS, 27.

SAINT · GERMAIN · EN · LAYE,

TYPOGRAPHIE ET LITHOGRAPHIE DE H. PICAULT,

RUE DE PARIS, 27,